Hersteller / Manufacturer (GPSR)
Storylution GmbH, Biberstraße 5, 1010 Vienna, Austria
E-Mail: story.one@story.one

C.G. Irod

Ylipulli

story.one – Life is a story

story.one

1st edition 2024

Production, design and conception:
story.one publishing - www.story.one
A brand of Storylution GmbH

Font set from Minion Pro, Lato and Merriweather.

Dr. Fridolin Fox und Lara Kristin Westbomke

ISBN: 978-3-7115-2728-8

*Allen Autoren gewidmet,
deren Worte ich benutzen durfte*

INHALT

„Mein Kaninchen, es hat sich verändert.
Es stand heute morgen auf zwei Beinen.
Ich hatte so Angst,
es würde anfangen zu sprechen."

Hans-Jürgen Hilbig

Y

Mein Bein lernte ich kennen, als es mir in einem Päckchen zugesendet wurde. Bis dahin lag ich meistens einfach nur auf dem Rücken und dachte: Die Liebe muss mir ein Bein bringen. Die Liebe, ein Bein bringen. Sonst gar nichts. Nur ein Bein bringen, denn meins fehlt. Und so etwas will doch keiner sehen. Die Liebe schon gar nicht. Die Liebe will nicht, dass etwas fehlt. Die Liebe will etwas hinzufügen. Das Bein fehlt und nur die Liebe kann uns wieder zusammenführen, dachte ich immer auf dem Rücken liegend. Wie soll ohne ein Bein ein Wir-Gefühl gelingen? Ich bin nicht ganz. Es fehlt etwas. Es fehlt die Liebe und mein rechtes Bein. Dann kam es in dem Päckchen, wir lernten uns kennen, lieben und blieben einige Zeit zusammen. Bis gestern. Gestern hatte ich noch beide Beine. Gestern war alles da und ihr konntet mit der Leichtigkeit des herabfallenden Zeigefingers dafür sorgen, dass die Metall-Stange in meinem Kopf sich tief in mein Innerstes bohrte und mich zum Schwingen brachte. Immer und immer wieder der Finger auf den Kopf.

Und die Metall-Stange durch meinen Körper und das Bein hoch. Genau so. Genau so sieht die Liebe zu mir aus. Wenn sich die Metall-Stange durch meinen Kopf bohrt, entsteht Liebe. Es ist wahrscheinlich heute Nacht passiert, heute Nacht ist das rechte Bein entfernt worden. Der Täter ist möglicherweise in den späten Abendstunden mit seiner ganzen Ausrüstung gekommen, mit seinen Zangen, seinen Schrauben-Drehern, seinem Messer, den Gummihandschuhen und einem Plastiktütchen. Er ist ohne Liebe gekommen und ohne Nylonoverall. Er rechnete nicht mit viel Blut. Er rechnete auch nicht mit viel Gegenwehr. Das Bein wurde problemlos entfernt und sauber in das Plastiktütchen gepackt. Gegen das Entfernen des Beines war ich machtlos. Ich wäre gerne wehrhafter gewesen, beweglicher, aber ich bin nun mal nicht sehr beweglich, auch mit zwei intakten Beinen bin ich nicht sehr beweglich, jedenfalls als Ganzes, als ganzer Körper. Diese Unbeweglichkeit gehört zum Spiel dazu. Nur die Liebe des herabfallenden Zeigefingers setzt mich in Bewegung, wenn ich vollständig bin, wenn da nichts fehlt. Drückt ihr auf den Stöpsel über dem Kopf, seid ihr wie die Liebe; entfernt ihr Beine, seid ihr Wut.

Wo Beine ungefragt entfernt werden, ihr Menschenbrüder, solltet ihr aufpassen und einschreiten. Ich möchte ein Bekloppter sein! Möchte, dass die Metall-Stange immer und immer wieder durch meinen Kopf gedrückt wird, damit ich mich bewegen kann, wenn da nichts fehlt. Damit ich in Schwung komme. Ich liebe es, in Schwung zu kommen, das rechte Bein nach oben zu schleudern, nachdem mich der Zeigefinger berührt hat, euer Zeigefinger: Rechtes Bein (nicht Arm!) hoch. Nur durch diese Bewegung erlange ich Würde, nur durch diese meine charakteristische Geste finde ich Anerkennung und Trost. Ich möchte das Bein schaukeln, so wie Eltern ihr kleines Kind an den Armen schaukeln. Hoch und runter, hoch und runter. Das ist Liebe. Also, ihr Menschenbrüder, schlagt drauf! Schlagt auf mich ein. Schon mal mit ethischen Überlegungen konfrontiert worden? Es geht nicht um das Trennen, das Aufspalten, sondern um das Zusammensetzen. Das Zusammensetzen ist das Humane. Bin ich ein Opfer der berührungslosen Gesellschaft geworden? Stellt die Polizei Nachforschungen an?

L

Aber vorerst bleibe ich bei meinem fehlenden Bein, denn schließlich geht die ganze Sache mich etwas an, sie betrifft mich unmittelbar, darf ich ohne Übertreibung sagen. Gut, es gibt Dinge (und Menschen), da ist es einfach nur eine Befreiung, sie endlich loszuwerden. Aber so ein Bein? Übersehe ich da irgendetwas? Ist es vielleicht gar nicht so übel, einbeinig zu sein? Vielleicht wird dieser Zustand in unserer modernen westlichen Welt – bei den Westis – schwer unterschätzt. Sollte ich nach Afrika, äh, gehen? Da hat man gelernt, mit dem zurechtzukommen, was man hat. Oder auch nicht hat. Da kommt schon mal so ein Bein abhanden, wenn man auf eine Mine tritt und das passiert häufiger als man glaubt, es gibt Gegenden, da liegen die praktisch überall, da fliegen praktisch dauernd Beine hoch durch die Luft, das will doch keiner sehen, die Liebe schon gar nicht, die Liebe will diesen Schmerz nicht sehen, obwohl - so ein durch die Luft fliegendes Bein enthält auch Potenzial für Solidarität und Trost.

Denkt mal darüber nach, ihr Menschenbrüder, aber ich will nicht seltsam erscheinen und die Frage ist, wie weit ich hier ins Detail gehen soll, wo ich doch überhaupt nicht gehen kann, wo ich nicht mal mit zwei funktionsfähigen Beinen hätte gehen können, auch wenn da Schwung ins rechte Bein kommt. Warum das so ist, werde ich gleich erzählen, wenn ihr euch dafür interessieren solltet. Wenn nicht, werde ich es trotzdem erzählen. Was ich nicht weiß, werde ich dazu erfinden. Ihr Menschenbrüder werdet den Unterschied vielleicht nicht merken. - Was für ein Jammer! Ihr werdet euch vielleicht fragen, wie kann ich die Fakten von der Fiktion unterscheiden? Ich gebe euch einen Tipp – ja auch ich gebe gerne kleine Tipps: alles, was euch unwahrscheinlich vorkommt, entspricht vermutlich den Fakten. Beim Erzählen werde ich versuchen, präzise zu sein. Präzises Erzählen geht auch mit einem Loch im Kopf, durch das eine Metall-Stange mehrere Zentimeter nach oben herausragt. Ihr Menschenbrüder wisst es doch seit vielen tausend Jahren. Selbst als Orpheus in Stücke gerissen wurde, trieb sein abgetrennter Kopf wie ein Ball singend den Fluss hinunter. Vielleicht habt ihr das vor Augen, diesen singenden Ball, wie er sich da durch die Landschaft schlängelt.

Das mag alles etwas wirr klingen, aber vielleicht habt ihr ja Verständnis, schließlich wird mir seit vielen Jahren nahezu ununterbrochen auf den Kopf geschlagen. Eigentlich seitdem ich da bin, wird mein Schädel von euch Menschenbrüdern behämmert und bekloppt. Der Bein-Räuber hat mein Bein sehr schnell entfernt. Die ganze Angelegenheit dauerte nur wenige Sekunden. Seine Handgriffe waren routiniert. Dieser Schuft war es gewohnt, Beine zu entfernen, oh ja, das war er. Und immer nur das rechte. Das linke Bein ist nicht interessant. Der Bein-Räuber würde es nicht anrühren, soviel war klar in dieser dunklen Stunde. Es ist verboten, das linke Bein in irgendeiner Art und Weise zu bearbeiten. Es ist geradezu unmöglich, es ohne meine endgültige und vollständige Zerstörung zu entfernen. Der Bein-Räuber ließ es also in Ruhe. Sollte ich dankbar dafür sein? Manchmal liege ich jetzt tagelang ohne Bein – immer das rechte – in einer kleinen Holzkiste oder in einer Pappschachtel oder in einer Bierlache. Die Figuren neben mir sind manchmal auch ohne rechtes Bein.

I

Oder sie tragen das Bein, das bis vor wenigen Stunden noch mir gehört hat. Gestern hat van Nistelrooy neben mir sein Bein verloren. Auch das rechte. Ich weiß nicht, was damit passiert ist. Van Nistelrooy weiß es auch nicht. Vielleicht hat es jemand anderes bekommen. Vielleicht bekomme ich es morgen und van Nistelrooy bekommt das Bein, das mir entfernt wurde. Mein verschwundenes Bein trägt im Augenblick niemand in der Holzkiste. Es gibt sechs Plätze dort. Fünf sind belegt. Der sechste Platz ist schon seit Jahren frei. Ich habe vergessen, wer dort einmal lag. Gerüchte besagen, die Figur, die dort lag, befindet sich irgendwo draußen und ballert wild um sich, ballert auf euch Menschenbrüder. Es gibt Tage und Nächte, weiße Tage und schwarze Nächte oder weiße Nächte und schwarze Tage, da ist mein Bein schon mal ohne mich in der Welt unterwegs. Oder es liegt nur wenige Zentimeter von mir entfernt in einem kleinen Kästchen auf dem Tisch. Manchmal wird es auch verkauft, an einen anderen in einer anderen Stadt.

Nach Düdinghausen vielleicht oder nach Gevelsberg oder Wasseralfingen. Neulich wurde mein ehemaliges Bein in Balingen gesehen. Ein gewisser Herr Sauter hat es gekauft. Die Liebe hätte das Bein nicht verkauft, die Liebe hätte es beschützt und gepflegt. Aber warum nur, war es jetzt weg? Da fangen die Fragen an im Schädel zu hämmern. Aber nicht solche, ob es in Griechenland noch Pottwale gibt? Oder mit welcher Häufigkeit man zuletzt Geschlechtsverkehr hatte, der für beide in Ordnung war, der also ganz viel mit Liebe zu tun hatte. Nein, es tauchen eck-sistenziellere Fragen auf: warum ist der Körper eigentlich immer falsch und muss verändert werden? Auch wenn es nur allerliebste Kleinigkeiten sind? Die Nase beispielsweise. Der King of Pop hat seine Nase mindestens sechsmal operieren lassen. Und am Ende war sie praktisch weg. Und wenn so eine Nase erst einmal weg ist, dann ist die Liebe auch schnell weg, obwohl man sie doch gerade aus Liebe hat operieren lassen, damit man schöner aussieht, damit das eigene Körperbild besser zu seinen eigenen Visionen passt. Aber manchmal entstehen durch solche Eingriffe Proportionsfehler. Dann ist die Nase plötzlich viel zu klein für das restliche Gesicht.

Oder die aufgespritzten Lippen sind viel zu groß. Ist das alles nur privates Unglück? Ist der Verlust meines Beines ein privates Unglück? Gab es Vorzeichen in meiner Nähe, die ich nicht erkannt habe? Alarmsignale oder Drohungen, die ich übersehen habe? Konnte ich ahnen, dass die Liebe zu mir weg ist und somit bald schon mein Bein? Hätte Humor geholfen, es zu verhindern? Und wenn ja, auf welche Weise können wir unter Extrembedingungen scherzen? Ist es überhaupt eine Extrembedingung? Ich glaube schon. Es fehlt etwas an mir. Ich bin nicht ganz. Ein Körperteil ist abhandengekommen, ein sichtbarer. Gut, es ist kein Blut geflossen. Aber macht das die ganze Sache nicht noch gruseliger, noch extremer? Wie kann kein Blut fließen, wenn Körperteile ungefragt entfernt werden? Ich überlasse das alles euch und eurer Vorstellungskraft, ihr Menschenbrüder. Ich darf euch lediglich bitten, mir zu folgen. Ich kann euch ja nicht folgen. Also, folgt mir und meinen aus einem mit einer Metall-Stange durchlöcherten Schädel heraus getippten Worten.

P

Also, mit welchem Ende soll ich anfangen? Mit welchen Trümmern beginnen? Oder mit welcher Liebe? Angesichts meiner Körperbildsorgen fange ich mit mir an. An manchen Tagen liege ich also in der Holzkiste und wache einbeinig auf. Da bin ich ganz wie dieser berühmte Kapitän. Sein Name wird mir bestimmt gleich einfallen (oder euch). Ich werde später auf ihn zurückkommen, auf ihn und die weiße Farbe. Und auf die schwarze Farbe. Ich werde auf beide zurückkommen, auf die weiße Farbe und die schwarze Farbe, denn man hat Angst vor Schwarz und vor Weiß. Überall nichts als Schwarz und Weiß. Nein anders: Schwarz oder Weiß. Es kann einen in den selbst gewählten Wahnsinn treiben, denn beide liegen so nahe nebeneinander, beide sind so eng miteinander verbunden. Man will Weiß und bekommt oft Schwarz oder man will Schwarz und bekommt Weiß. So richtig gut ist das nicht. Gut ist, wenn man Weiß will und Weiß bekommt oder wenn man Schwarz will und Schwarz bekommt. Das ist gut.

Andersherum ist es schlecht, peinlich oder kann dafür sorgen, dass man ein Bein verliert. Versteht ihr? Neben Schwarz ist eigentlich gar kein Weiß, sondern da ist das Nichts, der Abgrund. Ein kleines Kippen nur, eine winzige Unebenheit und zack! kommt Schwarz anstatt Weiß und zack! ist kurz darauf die Liebe und das Bein weg. Das geht so schnell, man kann nicht mal richtig zuschauen, wenn sich einige Teile des Körpers davonmachen. Manchmal habe ich – so wie letzte Nacht – nicht mal Gelegenheit, Abschied zu nehmen. Schwupp und zack und schon ist wieder etwas weg, manchmal der Stöpsel, manchmal das Bein. Aber immer die Liebe. Seid ihr schon einmal Stück für Stück auseinandergenommen worden, zerlegt bis auf das Gestell? Überlegt mal, liebe Menschenbrüder, ich lasse euch Zeit. Sagen wir zehn Minuten. Nein, sagen wir zwei mal fünf Minuten. Das hört sich für mich etwas vertrauter an. Und etwas Vertrautes hätte ich schon gerne in meiner Nähe, während ich hier liege, auf dem Rücken, ohne rechtes Bein, neben anderen Figuren, denen auch so einiges fehlt. Sie sehen nicht gerade wie Hoffnungsfiguren aus. Einigen wurde schon zum x-ten Mal ihr verdammtes Bein abmontiert.

Abmontiert wegen Nichtgefallens, wegen Murmelpech, wegen einer Fehlentscheidung, wegen der Diktatur des Perfektionismus, wegen einer Aufbruchstimmung, wegen einer Abbruchstimmung, abmontiert aus Vergnügen, wegen eines neuen Sounds, wegen mangelnder Liebe, wegen des Glücks anderer. - Wäre es unhöflich, liebe Menschenbrüder, euch darauf hinzuweisen, dass es nichts Widerwärtigeres gibt, als das Glück anderer, insbesondere wenn das eigene Bein davon betroffen ist. Wenn man unbrauchbar geworden ist, weil andere Glück haben, weil andere Weiß haben und man selber Schwarz und dann kommt Weiß und zack!, wird das Bein entfernt. Das kann einen schon ärgern, oder? Da hat man schon Lust, dem einen oder anderen in die Klöten zu treten, haha und zwar mit vollem Karacho! Also, um es anders zu sagen: wenn zum bestehenden Glück nochmals Glück kommt, so kann das schön sein.

U

Aber wenn dann Pech kommt und dann zum bestehenden Pech nochmals Murmelpech dazukommt und man plötzlich nicht mehr in der Verfassung ist, in der man sich normalerweise präsentiert, dann ist das mehr als eine graduelle Veränderung. Es ist eck-sistenziell. Wer mag schon undichte Stellen an seinem Körper. Einen solchen Körper benötigt niemand. Eine solche Kaputt-Variante eines Körpers, wo doch bis in alle Randbezirke hinein die Optimierung waltet. Selbst bis in die Liebe hinein. Lohnt es sich, über all dies nachzudenken? Ist das ein Schritt in die richtige Richtung? - Ha, Schritt! Wohl kaum. Was noch? … Was noch ist sonderbar neben der Liebe? … Was? Manche von euch Menschenbrüdern sagen: wenn ich betrunken bin, ist alles in Ordnung. Wenn ich fünfunddreißig Biere am Tag trinke, schreibe ich die besten Geschichten, sagt ihr und patscht vor Freude in die Händchen und strampelt mit den Beinchen. Manche von euch Menschenbrüdern sagen, jedes Ding hat drei Seiten, genau drei.

Eine positive, eine negative und eine komische. Also, vielleicht ein paar Witze über die eigene Beinlosigkeit machen, da gibt es Spielraum ins Unbestimmte. Also hinein in so einen irischen Pub oder in eine rheinländische Kneipe, fünfunddreißig Biere in die Prachtkehle schütten und einen Witz erzählen: Was bekommt man, wenn man einen Pitbull mit einem Bernhardiner kreuzt? Einen Hund, der erste Hilfe holt, nachdem er ein Bein abgebissen hat! Vielleicht wäre das eine der wenigen Möglichkeiten, es auf diesem Planeten auszuhalten: alles in einen Witz verwandeln, in einen gespielten Witz und lachend an der Welt verzweifeln. Oder den Witz spielen. So wie der wunderbare brasilianische Fußballer Garrincha, der Engel der krummen Beine, stets in Schräglage, die Hunde auf der Straße gegrüßt und ohne Schuhe zum Probetraining auf den Fußballplatz gekommen. Ohne Schuhe! Ist das Liebe? Liebe zum Ball? Liebe zum Spiel? - Und ich? Wenn ich morgen zum Training kommen würde? - Hey, würde der Trainer wahrscheinlich sagen, versuche es morgen noch einmal, okay. Allerdings mit einem kleinen Unterschied: dann bitte mit zwei Beinen, haha … Was noch? … Was noch ist sonderbar neben der Liebe? …

Was? - Ich bin sonderbar, visuell mit einer gewissen Lächerlichkeit versehen. Wenn ihr wüsstet, wer oder was ich bin, wüsstet ihr, wie lächerlich ich aussehe. Ihr könnt mich gerne mal aus der Holzkiste nehmen und von allen Seiten anschauen. Ich habe euch auf die Besucherliste gesetzt. Ich werde auf euch warten, hier in der Holzkiste werde ich auf euren Besuch und auf eure Liebe warten, mit dem Arsch auf Samt liegend. Ihr werdet mich an derselben Stelle wiederfinden, an der ich mich gerade befinde, egal ob es morgens oder abends ist. Warum das so ist, habt ihr ja hoffentlich mittlerweile begriffen. Der Abend wird mich also an derselben Stelle wie der Morgen finden, würde der alte Sam sagen. Und immer noch neben den aller traurigsten Gestalten. Van Nistelrooy habt ihr ja bereits kennengelernt. Es gibt aber noch andere. Die Figur links neben mir ist reines Gestell, quasi auf Werkseinstellung zurückgesetzt, keine Kopfbedeckung, keine Metall-Stange durch den Schädel, kein Schwungbein (auch kein Mittelbein, haha). Diese Figur ist vollständig geplündert, sieht also alles andere als tipp-topp aus. Schräg gegenüber liegt Schachten, der Abwehr-Gott. Er sieht etwas verbeult aus.

L

Schachten liegt bei den Schrauben und Unterlegscheiben, kaum sichtbar. Bald wird er mit dem Schrott eins sein. Ohne Liebe wird er Schrott sein. Das Genie ist auch da. Viele Monate hat er auf dem Bücherregal gelegen, später auf der Fensterbank im Keller neben den gerundeten Bällen. Ruchti liegt drei Plätze weiter. Ruchti hat einen aufgeschlitzten Rücken, klingt eklig, ich weiß. Aber noch ekeliger wird es, wenn man weiß, das sein aufgeschlitzter Rücken da ist, damit Kinder besser mit ihm spielen können. Niemand gab uns Auskunft, womit dies zusammenhängt. Es kam halt so. Was soll's. Irgendwie wird es schon weitergehen. Ein Bein weg und schon wachsen sieben nach. Aus Liebe wachsen sie nach. Nein, acht Beine. Die 8 ist so schön! Nein, auch keine 8, denn leider ist das hier kein Märchen und wir alle hier in der Holzkiste sind auch keine seltsamen Insekten. Kein Märchen und auch kein Traum. Gehört ihr auch zu den Menschenbrüdern, die sich von keinem Körperteil trennen können? Wie lange tragt ihr schon eure Beine durch die Gegend?

Oder werdet ihr von ihnen getragen? Seid ihr zufrieden mit euren Beinen? Wollt ihr bessere Beine oder schönere? Wollt ihr schöne blonde Beine? Wollt ihr auf schönen blonden Beinen durch die Gegend schaukeln, damit die Liebe euch findet? Häufig merkt man erst recht spät, dass das vorhandene Bein nicht so richtig kompatibel ist mit dem eigenen Anspruch oder dem eigenen Talent. Ich werde mich an dieser Stelle nicht darüber ausbreiten, was das denn genau bedeutet. Das haben schon so viele andere vor mir getan. Ich erinnere nur an die Arbeiten der Gebrüder Wegener, an Bernd Weber und Gil Mehmert. Es gilt – so viel sei doch gesagt – wichtige gestalterische Details wie die Höhe des Anschlags, den Winkel zwischen Achsenmitte und Körperschwerpunkt, Stöpselfräsung und eventuell die chemische Zusammensetzung des Badewannenwassers zu berücksichtigen. Okay, das klingt wieder etwas wirr, aber erinnert euch in diesem Zusammenhang an die vielen Schläge auf meinen Kopf. An diesen Liebesdienst, den ihr mir erweist, an das liebevolle Hineindrücken der Metall-Stange durch meinen Kopf. Immer und immer wieder. Ach, wie schön. - Ihr lacht? Lacht nur nicht zu laut, denn sonst könnte irgendwo auf der Welt ein Riss entstehen. Oder ein Bein abfallen. So viel ist klar.

Klar ist auch folgendes: Irgendwann werdet ihr alle, feststellen, nichts währt ewig. Nichts. Weder die Liebe noch andere Dinge, andere Körperdinge. Ein Leben im Zustand der Unverfügbarkeit droht, ein Zustand der Unbrauchbarkeit. Ja, das droht, aber man kann sich auch an einer Unverfügbarkeit erfreuen, an einem Zustand natürlicher Unbrauchbarkeit aufrichten und von ihr, der Unbrauchbarkeit, hinführen lassen an die Idee, dass das Leben auch ohne rechtes Bein schön sein kann. Aber – und jetzt kommt's:

Verwechselt mich nicht mit einem Menschen. Oder einem Tier. Oder mit einem Tiefkühlmännchen! Wer bin ich eigentlich? Wer spricht hier? Ich habe kein Fell, ich habe kein Herz, in mir fließt kein Blut. Ich kann keine Mahlzeiten zubereiten, keine Wüste bewässern, keine Computer programmieren, schöne Landschaften sind mir egal, auch wenn sie grün sind. Ich mag grün, habe noch nie die Arme zum Himmel gestreckt (nicht mal den rechten, ihr Schweine!)

L

Maschinenöl ist mein Parfum, Schnee ist mir fremd, auch der Schatten der Bäume. Allein die dürren Bäumchen gefallen mir, die manchmal an einer Landstraße stehen, habe keine Kindheit gehabt, mag aber, wenn Kinder mit mir spielen (aber nicht den ganzen Tag!), Gegenstände aus Glas sind mir nicht vertraut, mag eckige Tische lieber als runde, auch eckige Bälle mag ich lieber als runde. Kleine Werkzeuge in meiner Nähe machen mich nervös, bin noch nie eingeschlafen, noch nie aufgewacht (obwohl ich Tage und Nächte auf dem Rücken liegend verbringe). Ich bin Kinderkram, habe aber nichts Weiches an mir, nichts Flauschiges, ich bin kein Kinderkram, ich ermögliche aber vielen eine sehr lange Kindheit, bin ein Halbdistanz-Stöpsler, ein Standeisenlutscher, ein Zinnkicker, eine Ballbürste, bin Spielzeug, ein bleierner Tisch-Fußball-Kicker. - Ich bin eine Tipp-Kick-Figur! Ich bin, wie alle Tipp-Kick-Figuren, in Schwenningen hergestellt worden. Dort hat mich die Mieg-Maschine als Rohling aus ihrem Arsch gequetscht.

An mir baumelte nichts: kein Bein, keine Stange, kein lustiger Haarschopf. Reines Gestell war ich, von schwäbischer Ingenieurskunst gefertigt: hier das Loch im Kopf (sachgemäß gebohrt), damit die Metall-Stange später hindurch kann und noch später der Stöpsel drauf, dort die Öffnung für die Seitenschraube, die später das Schuss-Bein fixieren wird. Es ist der Weg der Schraube, den ich brauche und nicht der Weg der Meditation. Habt also keine Angst vor Schrauben in eurem Körper. Der Erfolg läuft über die Schraube. - Mein Gesicht? Noch nicht vorhanden in Schwenningen. Es wurde später aufgemalt, in Afrika. Von einer Frau. Gerne würde ich etwas über sie erzählen, aber ich kenne sie nicht. Sie hat tausende von Gesichtern liebevoll gemalt und jedes ist anders. Mein Gesicht, wie soll ich es beschreiben? Es ist ein wunderschön trauriges Gesicht, mit einem sanft-präziesen Blick, so eine Baptiste-Deburau-Fresse. Man sieht mir die vielen Abwehr-Schlachten an, das achtlose Weglegen, das wütende Hinwerfen. In der Einsamkeit ist dieses Gesicht oft mein einziger Trost. Besonders wenn der Augenblick mir nicht die richtige Körperhaltung schenkt. Wenn ich unvollendet bin, wenn wenig Liebe in meiner Nähe ist.

Wenn niemand mich drückt oder schlägt. Eine Tipp-Kick-Figur soll man nicht wie einen Menschen behandeln. Man soll sie mit Liebe und Schlägen behandeln, nur so kommt meine Welt in Schwung, nur so erigiert mein rechtes Bein nach oben. Nur nebenbei: es ist das einzige, was bei mir erigieren kann, nach oben aufrichten, nicht anschwellen, nur nach oben aufrichten, nicht versteifen. Steif ist bei mir das linke Bein, deshalb kommt es auch nie abhanden. Es ist fest mit meinem Körper verbunden, quasi alles aus einem Guss. Das hat den Vorteil, dass ich beide Beine gut auseinanderhalten kann: eins kann schwingen (wenn es da ist), eins ist (immer) steif. Das steife Bein sorgt für die nötige Bodenhaftung. Es erdet mich gewissermaßen. Was dieses Bein angeht, besteht also meinerseits kein Grund zur Beunruhigung. Bei mir sorgt das linke Element also für Halt und Stabilität. Von rechts kommt die Gefahr. Das rechte Bein verteilt die Tritte. Die schwungvollen Tritte. Ihr dürft mir ruhig widersprechen, aber die Sache ist ziemlich eindeutig: links Standbein, rechts Spielbein. Mit dem einen Bein lebe ich in dieser Welt, in der Welt der Ruhe.

I

Mit dem anderen Bein lebe ich in der Welt der Action. Und zwar immer. Ihr Menschenbrüder werdet in Schwung gehalten von Show, Geld und Bildschirmnachrichten. Ich durch ein Tippen auf den Stöpsel. Mich interessiert das Außergewöhnliche nicht, mich interessiert die zuverlässige Wiederholung, und zwar schon immer, von Kindesbeinen an, haha. Und die Liebe interessiert mich. In welchen Händen ich versagen werde. Mein linkes Bein versagt nie. Es ist immer da, fest mit der Standplatte verbunden, ohne Interesse an Genialität, immer da, genau wie das Gewicht auf der Standplatte. Es gehört zu jeder magischen Action dazu, stabilisiert die Magie sozusagen. Ohne Gewicht kein Zauber. Und ohne rechtes Bein auch kein Zauber. Und ohne Liebe kein rechtes Bein. Die Liebe muss mir ein rechtes Bein bringen. Ach, was für ein Theater das ganze, was für ein komisches Drama!

„Komm, wir gehen."

„Wir können nicht."

„Warum nicht?"

„Unsere Beine."

„Was ist damit?"

"Eins ist steif. -

Und das andere kommt nicht zum Boden."

Y

Folgenden Namen solltet ihr wenigstens einmal gehört haben: Hirschlanden. Ihr wart bestimmt noch nie dort. Nun - dann aber nichts wie hin. Es gibt Orte, da weiß kein Mensch, was er dort soll. In Hirschlanden weiß es jeder. Da liegen früh am Morgen unzählige Tipp-Kick-Bälle auf den Fußwegen und Straßen. Kinder lutschen und knuspern an ihnen, Eichhörnchen sammeln sie auf und tragen sie in die Turnhalle. Vielleicht hätte diese Geschichte genau dort beginnen sollen, in Hirschlanden, die Geschichte dieses merkwürdigen Balles oder dieses merkwürdigen Schusses oder dieses Unfalles, wie auch immer. Sollten wir uns um die genaue Bezeichnung kümmern? Vielleicht später, es wird noch Zeit sein, nichts wird uns daran hindern – Hirschlanden also. Ich werde euch von hier aus das Leben erklären, das Leben und die Liebe. Hätte ich diese Geschichte gleich dort in Hirschlanden begonnen, wärt ihr gar nicht erst auf die Idee gekommen, ich würde hier eine morbide Geschichte erzählen.

Nur weil gleich zum Auftakt ein Bein flöten geht. Hirschlanden also, gebt zu, von diesem Ort noch nie gehört zu haben, oder? New York kennt ihr sicherlich. In New York wart ihr bestimmt schon mal, die Stadt, in der die Männer immer über Geld und Frauen reden, nie über die Liebe, immer nur Geld und Frauen, die nicht ihre Ehefrauen sind. - Aber jetzt Hirschlanden, nicht New York. Es ist der 15. September 2001. Versetzt euch bitte genau an diesen Zeitpunkt zurück. Es ist lange her, nicht wahr? Meint ihr, ihr erinnert euch noch, was vier Tage vorher passiert ist? Ob der Südturm zuerst zusammenkrachte oder der Nordturm und wie viele „Springer“ es gab, als die Türme noch standen? - Aber davon soll hier nicht die Rede sein, jedenfalls nicht dauernd, nur manchmal, so nebenbei. Man ermüdet schnell, wenn man immer nur auf das Große schaut, auf New York und 9/11 beispielsweise, deshalb jetzt Hirschlanden und der 15. September 2001. - Sollte eine Hommage an unser Tipp-Kick-Spiel nicht mit diesem Datum beginnen und einer Geschichte, die sich im Endspiel der 36. Deutschen Einzelmeisterschaft ereignet hat? Einer Geschichte, die viel zu gut ist, um sie für sich zu behalten.

Einer Geschichte, die man in die große Welt tragen sollte, von Hirschlanden in die große Welt. Es gibt ja nichts Neues mehr, glaubt man: die Erde ist vermessen, alle Meere und Berge sind bereist, und was einem sonst noch begegnet, ist die Wiederkehr bekannter Gestalten und bekannter Gesichter. Man hat schon so viel gesehen, beinahe alles.

Und dann taucht Hirschlanden auf der Weltkarte auf. Aber nicht, weil wieder einmal ein Mensch – immer seid ihr es, ihr Menschenbrüder – Amok gelaufen ist, sondern weil diesmal ein Ball komplett durchgedreht ist, ein Ball von eigentümlicher Schäbigkeit und heimtückischer Leichtigkeit, getragen von Stillstand und Explosion murmelte er sich über den grünen Filz, in Hirschlanden, am 15. September 2001, vier Tage nach dieser anderen heimtückischen Schäbigkeit, die sich unter einem arglosen und strahlend blauen Himmel in New York ereignete. Wie viel von dieser seltsamen Geschichte möchtet ihr euch anhören? Alles? Nur einen Teil? Wenige Sekunden? Schon gut, schon gut, ihr könnt ja quer lesen, wenn es zu viel ist, zu detailliert.

L

Oder ihr schraubt mir wieder ein Bein rein, dann höre ich sofort auf zu sprechen und fange wieder an zu spielen, mit Liebe zu spielen und zu treten. Ihr schiebt mich in Position, legt mir einen Ball vor den rechten Fuß und ich trete dagegen. Wie in Hirschlanden am 15. September 2001 – im Endspiel um die Deutsche Einzelmeisterschaft. - Die Sekunde, als ich damals den Ball traf, kriege ich einfach nicht zusammen mit meinem jetzigen Zustand. Jetzt fehlt etwas, ist verloren gegangen. Etwas Wichtiges. Das ist vielfach untersucht und belegt worden. Das Schuss-Bein ist bei einer Tipp-Kick-Figur nun mal der Teil, der zählt, der Zählbares liefert. Oder anders: als Tipp-Kick-Figur ist die Nummer mit den zwei Beinen einfach die intelligentere Lebensform. Da ist der Comedy-Rhythmus nicht gestört und ich wäre nicht nur erfolgreicher, sondern auch witziger, es ging hin und her, her und hin, Spiel-Bein – Stand-Bein – Spiel-Bein. Man kann gegen alles treten, immer und immer wieder, aber denkt daran, mein Bein ist harmlos.

Es trägt keinen Stiefel, der ständig auf ein menschliches Gesicht tritt, es tritt gegen einen kleinen Ball, ein Bällchen und manchmal vielleicht auch gegen den unbedingten Gehorsam. So roh wie ihr mir oben auf den Kopf schlagt, so elegant setze ich es unten um. Oben ist euer Zeigefinger und um mich herum die Hand, der sichtbare Teil des Gehirns. Ich werde mich schon wohlfühlen in eurer Hand, traut euch nur. Glaubt mir, schließlich hat sich die schöne Blonde auch wohlgefühlt in der Hand von King-Kong. Zurück nach Hirschlanden im September 2001. Alle Welt blickte nach New York, niemand blickte auf Hirschlanden. Ich war vollständig an diesem 15.09.2001, zwei Beine, Stöpsel, Metall-Stange, Schraube, alles war da und dran. Ich sah auf alle Fälle besser aus als das World Trade Center. Ich lag am Rand des Spielfeldes, bereit zum Einsatz, bereit zum Endspiel-Einsatz, hatte aber noch nicht eine Sekunde auf dem Feld gestanden. Ich gehörte zum Team von Normann Koch, aber er hatte es nicht für nötig befunden, mich einzusetzen, mein Bein schwingen zu lassen und so lag ich bereit, aber irgendwie vergessen am Rand und wartete. Und wartete ...

Zwölf Sekunden vor dem Ende des Endspiels hatte Normann Koch Abstoß. Es stand immer noch Unentschieden. Er spielte den Ball nach links aus dem Strafraum auf seine Farbe. Sein Gegner, Jens König, hatte natürlich auf einen Farbfehler gehofft, aber in dieser entscheidenden Phase des Spiels war Koch's Farbspiel von geradezu deprimierender Verlässlichkeit. Normann überflog mit einem kurzen prüfenden Blick die Lage des Balles, umrundete seine Kanten, checkte die Position des Torwarts, lotete Möglichkeiten aus. Ihr müsst wissen, so ein Ball liegt nicht immer gleich, aber dazu später. Ich kann das jetzt nicht genauer erklären, weil die Zeit nicht reichen würde. Aber ihr solltet mehr über diesen Kram wissen und die ewige Frage: wie den Ball spielen? Ich werde euch noch informieren, bin ja kein schlechter Mensch, bin nur ein plappernder Stöpsel-Kopf. Normann Koch wechselte nach dem Abstoß seinen Farblege-Kicker gegen seinen Spielmacher. Er strahlte Zuversicht aus, eine Art Zielstrebigkeit gepaart mit unbändiger Freude, als wisse er, dass sein Kicker und der Ball ziemlich gut miteinander können. Er setzte den Kicker vor den Ball.

I

Und jetzt, so war der Plan, wollte er den Ball Richtung Torwinkel jagen. Ab in die lange Ecke, über die Schulter des Abwehr-Kickers, und zwar schneller als man Klemm-Brett sagen kann. Wusch! - aber nix da: Es kam anders. Als Normann den Stöpsel berührte, bemerkte er, dass das Bein seines Spielmachers (wieder einmal) aus gehakt war. Die Stange, die den Druck des Stöpsels weiterleitet, war unten an der Aufhängung nicht mehr mit dem Bein verbunden. Ist euch klar, was das bedeutet? - Ja, es ist euch klar. Mittlerweile seid ihr ja genügend über die Stöpsel-Stange-Bein-Konstellation informiert. Nichts konnte mehr schwingen, nichts mehr treten, nichts mehr nach vorne stoßen. Das Bein baumelte einfach nur leblos am Körper, hing nur noch an der Seitenschraube. Da war auch kein seidener Faden. Da war nur Stillstand. Kopf und Fuß hatten keinen Draht mehr zueinander. Aus dem Spielmacher war der personifizierte schlechte Scherz geworden. Der Kicker war von einem belebten Ding zu einem unbelebten geworden.

Nur noch ein trauriges Gestell. Man hätte Lust gehabt, ihn anzusprechen. Keine schwierigen Fragen, nur so in der Art, „hey, was ist los, ist dein Beinchen verletzt? Komm schon, es wird schon wieder, wird schon wieder alles gut. Bald kannst du wieder mit dem Bällchen spielen." -Normalerweise hakte Koch das Bein wieder ein, aber mangels Zeit legte er den Spielmacher-Krüppel hektisch zur Seite und griff schnell nach einem anderen Kicker. Und wie es so kam, war ich dieser beliebig andere Kicker, der irgendwo am Rand des Spielfeldes lag, der noch keine Sekunde im Endspiel gespielt hatte und der eigentlich nicht für diese wohl letzte Aktion vorgesehen war. Normann platzierte mich irgendwie vor den Ball, tippte irgendwie einfach so auf den Stöpsel, nein, nicht irgendwie, er tippte mit Liebe auf den Stöpsel und ich verpasste dem Ball einen finalen Tritt, aber es war kein ordentlicher Schuss, vielmehr eine schlecht getimte Kollision zwischen Stahl und Plastik. Mein Bein trat irgendwie einfach so gegen den Ball, ohne Präzision, ohne Plan, ohne Gestaltungswille, ohne Interesse an Genialität, ohne eine vage Idee zu haben, was für ein Ball das wird, wohin er fliegt oder rollt oder hüpft. (…)

So einen Ball hatte ich noch nie geschossen. Dieser Ball war nicht das Ergebnis jahrelangen Trainings und einer allein im Keller an der Tipp-Kick-Platte verbrachten (glücklichen) Kindheit, war nicht das Ergebnis einer durchdachten Choreografie, agierte nicht innerhalb des Spektrums einer Wiederholbarkeit, war bereit alle Konventionen zu verhöhnen, würde niemals einen Wikipedia-Eintrag nach tanzen. Dieser Ball, von mir geschossen, nachdem man mich vom Rand ins Zentrum gestellt hatte, war nicht mit Sorgfalt und tiefem Ernst gespielt, obwohl Crunchtime, war ohne technische Perfektion getreten, obwohl letzte Aktion, war so getreten – was heißt getreten? - war so zimperlich gestupst worden, als hätte man Scheiße am Fuß. Es war die achtundzwanzigste und letzte Spielminute in Hirschlanden, es waren noch genau sieben Sekunden zu spielen, als dieser Ball, zusammengesetzt aus Licht und Dunkelheit, sich in Bewegung auf das gegnerische Tor setzte.

Für alle, die auf der Suche sind...

und für Normann Koch,
für den dieses Spiel alles war,
the story of his life.

P

Alle Zuschauer hier im Endspiel hatten vor dem letzten Schuss etwas Spektakuläres erwartet oder etwas Bedrohliches oder etwas Virtuoses oder etwas Geniales, denn es war schließlich der letzte Ball, der gespielt wurde, alle bisherigen Aktionen mündeten und verdichteten sich in diesem letzten Schuss, die ganze Menschheit schaute zu (nur in New York wurde noch aufgeräumt). Auch ich schaute dem Ball natürlich hinterher. Wo sollte ich denn sonst hinschauen? Die ersten Zentimeter, die er zurücklegte, waren auf eine gute Weise unklar gewesen und gaben nur wenig Informationen darüber, wohin er sich nun bewegen würde. Der Ball lief eindeutig schief über den grünen Filz und vor der Mittellinie schien er vorzeitig erschöpft zu sein, vagabundierte im Mittelkreis umher, legte dann aber plötzlich abrupt an Tempo zu, ging wieder nach links, überquerte nun doch die Mittellinie, steuerte aber gleichzeitig wieder auf die Seitenlinie zu. Bei den Zuschauern fingen die ersten an unruhig die Hälse zu recken und unruhig von einem Bein auf das andere zu treten.

Alle spähten zu diesem Ball, der sich auf diese seltsame Weise schlängelnd dem Tor näherte. Nun bewegte er sich wieder einige Zentimeter nach rechts zur Mitte hin. Er hatte eindeutig keine gerade Linie, sondern mehr etwas Fehlgeleitetes, mochte eher die Nebenwege und scheute den direkten Weg. Er schien sich ohne ordnende Kraft dahinzuschleppen, mal langsam, mal etwas schneller, entfaltete sich im jeweiligen Augenblick neu. Das alles wich stark vom Üblichen ab. Wusste dieser Ball überhaupt wo das Tor war oder wollte er die Eck-Fahne anknabbern? Wurde er von den eigenen Unzulänglichkeiten getragen? Die ersten Zuschauer schlugen sich die Hände vors Gesicht, mit dem Bällchen schien endgültig nicht mehr viel los zu sein, sein Bewegungsapparat schien endgültig im Arsch zu sein, er schweifte schon wieder ab, mäanderte seltsam unbeteiligt übers Feld, baute eine weitere Kurve ein (dem Bogen eines Urin-Strahls nicht unähnlich) und steuerte dann, getragen von verborgenen Strömungen, getragen von einem Stottern und Stocken, getragen von dunklen Triebressourcen, getragen von Abbrüchen und Wiederanfängen direkt auf das Abwehr-Bäumchen zu. - Ja, der gute alte Abwehr-Kicker.

Er soll hier nicht unerwähnt bleiben, er ist schließlich der einzige Kicker, der sich mit mir da draußen auf dem Spielfeld tummelt. Die Begegnungsdichte hier auf dem Tipp-Kick-Spielfeld ist überschaubar: zwei Kicker, zwei Torhüter. Ich würde den Abwehr-Kicker sofort vermissen, auch wenn er mein Gegenspieler ist oder genauer: meine Gegen-Figur. Wenn ich Spieler bin, wird er zur bloßen Figur, dessen einzige Aufgabe es ist, ganz diszipliniert, ganz erstarrter Körper dem Ball im Weg zu stehen. Der Abwehr-Kicker geht nie in Deckung. Er ist die Deckung. Für ihn gibt es nichts Belebenderes, als beschossen und getroffen zu werden. Seine Version von Glück sieht so aus: schiebt mich innerhalb von drei Sekunden an den richtigen Ort und lasst mich dort einfach stehen. Ich werde schon nicht weggehen. - Hier in Hirschlanden, an diesem 15.09.2001, schien das Abwehr-Bäumchen richtig zu stehen, war bereit, sein verfluchtes Territorium zu verteidigen (und es besser zu machen als die Amerikaner mit ihren Zwillingstürmen). Als ich den Ball auf ihn zurollen sah, viel mir das berühmte Gedicht von Carlos Andrade ein.

U

Mitten auf dem Weg lag ein Stein / da lag ein Stein mitten auf dem Weg / Ein Stein lag dort / mitten auf dem Weg lag ein Stein / Niemals in meinem Leben werde ich es vergessen / egal, wie müde meine Augen werden / Niemals werde ich vergessen, das mitten auf dem Weg ein Stein lag / es lag ein Stein mitten auf dem Weg / mitten auf dem Weg lag ein Stein

Es war zum Lachen. Da lag ich das ganze verfluchte Endspiel teilnahmslos und vergessen auf meinem Hintern hier in Hirschlanden und dann, als ich endlich ran durfte, als mich endlich die Hand von Normann Koch packte und sein Zeigefinger liebevoll die Metall-Stange durch meinen Schädel drückte und mein Bein endlich schwingen konnte, da kam dieser Blindgänger dabei heraus, dieser zum Lachen dahin hoppelnde Ball, dieses Bällchen, das kurz davor war, einfach scheiß schwach in das Abwehr-Bäumchen zu murmeln, in diesen Abwehr-Soldaten, der ihn einfach so aufschlitzen würde, zerteilen in Schwarz und Weiß.

Aber dann ging der Ball tatsächlich am Abwehr-Kicker vorbei, schwupp, mit einem eleganten Bogen umschiffte er ihn und drang unerwartet in den Strafraum ein. Von den Zuschauern hörte man erste Aufschreie, erste Gebete. Ihre Augen waren auf ein derartiges Ereignis nicht vorbereitet gewesen. Sie hatten dauernd nur schwarz/weiß gesehen und nun begannen sie zu ahnen, dass dieser Ball ihre Sicht auf die Welt verändern sollte, in sieben Sekunden hatte sich ihre Sicht auf die Welt verändert. Manchmal genügen sieben Sekunden. Da muss man gar nicht in Dallas auf einem Grashügel stehen. Da genügt auch ein Schuss auf einem grünen Filz in Hirschlanden. Einigen Zuschauern wurde folgendes klar: die Zukunft wird in doppelter Weise anders sein. Anders als die Gegenwart und anders als erwartet. Das, was sich da wenige Sekunden vor dem Abpfiff auf den Weg gemacht hatte, war eine Gestalt, die das Wort Verarschung konkret werden ließ, ein Schlag auf den Schädel aller Experten. Einige erkannten in diesem Ball, in seiner Entstehung und in seinem Verlauf (von Flugbahn konnte keine Rede sein), dass wir am Anfang des neuen Jahrtausends vor einer großen Epoche des Hohns und des Spotts standen.

Ob es zum Schönen gehört, dass man es nie wieder sehen kann? Es gibt (im Gegensatz zum 9/11-Eröffnungspiel in New York) keine bewegten Bilder aus Hirschlanden, auch keine Tonaufzeichnungen. Ihr Menschenbrüder wisst demzufolge auch nicht, dass bei einigen Zuschauern eine durchflüsterte Aufgeregtheit herrschte und einer der Zuschauer, nachdem der Ball mehrfach seltsame Richtungswechsel vollzogen hatte und seine Ungewöhnlichkeit zu erkennen gab, laut nuschelte: „Was'n das für ein Ylipulli!" - Soll ich das Wort – es ist doch ein Wort? - noch mal wiederholen? Ylipulli! Und nochmal: Ylipulli! - Natürlich versteht ihr das Wort nicht, wie auch? Ein Name, der maximale Ratlosigkeit erzeugt. Wie ein unerwarteter Schlag auf den Kopf oder Eisenstange quer durch den Kopf oder morgens Bein weg (...). Aber keinen Grund zur Beunruhigung. Ihr seid nicht die einzigen, die nicht wissen, was ein Ylipulli ist oder warum er überhaupt da ist. Näheres lässt sich bislang nicht sagen. Vielleicht solltet ihr Menschenbrüder euch zunächst einfach nur an dem Namen erfreuen, an diesem merkwürdigen Klang: Y-li-pul-li.

L

Y-li-pul-li. Sagt das Wort ruhig mal laut vor euch hin: Ylipulli. Und noch einmal: Ylipulli. Wenn ihr damit Schwierigkeiten habt, schlagt euch kurz auf den Kopf und eine kleine Bewegung, ein Flüstern, wird durch euren Körper wandern oder murmeln oder hoppeln. Ylipulli. Die Zungenspitze macht zwei Sprünge und tippt zweimal gegen den Gaumen. Zwischendurch macht sie eine Pause. Ylipulli: Ball meines Lebens, deine vier Silben kreisen in alle Himmelsrichtungen, dein Name erinnert an den kalten Norden, deine Trägheit an den Süden, deine Langsamkeit an den Osten, deine Unruhe an den Westen. Fange ich an euch zu rühren? Seid ihr schon so weit? Begreift ihr erste Feinheiten? Fangt ihr schon an, den Zeigefinger leicht nach vorne zu schieben und versucht, auf einen imaginären Stöpsel zu drücken? Und sagt dabei: „Die Liebe … (Fingertippen) … die Liebe. Oder sollte man das alles zurückweisen, weil das jetzt so kompliziert ist, so abschweifend, so kompliziert, wo Tipp-Kick doch so einfach ist.

Ach, diese simple, einfache Mechanik. Und nun? Nichts mehr einfach. Erst das Bein weg, dann Hirschlanden und nun Ylipulli! Sollte man das alles als pathologisch zurückweisen? - Ich kann darauf keine Antwort geben, schließlich bin ich nur eine Tipp-Kick-Figur, aber vielleicht will das Denken ja auch spielen, es gibt ja nicht nur eine schreibende, sondern auch eine spielende Hand. Das Bällchen – dieser Ylipulli – hatte es also nach längerem, kurvenreichem Aufenthalt auf dem Filz tatsächlich in den Strafraum geschafft, getragen und bewegt von seltsamen Schüben, wie ein Luftballon gleich, aus dem die Luft entweicht. Nun bewegte er sich auf den Torwart zu, der aufrecht und ruhig vor ihm stand, beide Arme nach oben gestreckt, wie immer, denn sie sind immer schon oben die Arme, sie können gar nicht anders, als oben zu sein. So stand der Torwart da, aufrecht, ohne zu kippen, ohne zu fallen, einfach nur aufrecht, ohne Faxen und ohne Firlefanz, würdevoll könnte man auch sagen, der Torwart wollte diesem wahnsinnig gewordenen Ball würdevoll und mit Haltung begegnen, nicht besorgt, sondern gelassen, einfach sich dem Ylipulli-Wahnsinn entgegenstellen, im Hier und Jetzt.

Ihn Willkommen heißen, den Ylipulli-Wahnsinn Willkommen heißen. Der Ball ging eine Winzigkeit nach links, der Torwart nach rechts, dann ging der Ball rechts, der Torwart links, links rechts, das Bällchen tanzte, hell/dunkel, weiß/schwarz (…) und dann ging alles ganz schnell und das Letzte, was der Torwart dachte, bevor der Ball über ihn hüpfte, war, „pass bloß auf, dass du dich nicht hinlegst und der Ball über dich hüpft, wo du dein ganzes verdammtes Torwart-Leben immer gestanden hast, du wirst doch jetzt nicht aus deiner ruhigen würdevollen Haltung herausfallen …“ und zack! schon kippte der Torwart, ließ sich Fallen, wie ein Sack, wie ein verdammter Blödsack kippte er und der Ball hob ab und schwebte über ihm wie eine kleine schwarz-weiße Sonne. Einige Zuschauer schrien wieder, andere beteten, dass der Ball gegen den Innenpfosten prallen oder der Schlusspfiff kommen sollte, um das aus ihrer Sicht scheußliche Resultat zu verhindern. Wiederum andere Zuschauer meinten, eine grüne Flüssigkeit und zischenden Dampf aus einem der Pickel am Ball entweichen zu sehen. Der Schiedsrichter – es war der großartige Alex Beck – sah weder Dampf noch Pickel.

L

Alex Beck sah nur, wie der Ball ins Tor trudelte, nachdem er alle ausgetrickst hatte: die Linearität, das Abwehr-Bäumchen und den Torwart. Der Ball ging nach siebenundzwanzig Minuten und achtundfünfzig Sekunden zum 5:4 für Normann Koch ins Tor. Am späten Abend liefen Kinder durch Hirschlanden und riefen: Ylipulli! Ylipulli!

Wie erzählt man eine Geschichte, in der jemand in mehrere Einzelteile zerlegt wird? In der alles nach und nach verschwindet, bis da, wo einer war, nicht mehr viel ist: alles ab, zack, einfach so, zack, ohne Vorwarnung, ohne Poesie, ja, ohne Poesie, zack, einfach so ab und weg. Wisst ihr, was ein Overkill ist? - Von einem Overkill sprechen die Kriminalisten, wenn Täter bei einem Verbrechen viel mehr Gewalt anwenden, als zur Tötung des Opfers nötig ist. Man hat mich nicht getötet – wie sollte das auch gehen – ich bin kein Mensch, kein Tier, kein Tiefkühlmännchen, in mir pumpt kein Herz.

Ich bin eine Tipp-Kick-Figur. Ein Austausch von einzelnen Elementen ist nur gestattet, wenn ein adäquater Ersatz eingebaut wird. Okay, halten wir zum wiederholten Mal fest: Es hat kein Austausch stattgefunden. Was heute in den frühen Morgenstunden – es fing gerade an hell zu werden - stattgefunden hat, ist eine nahezu komplette Plünderung gewesen. Nahezu allem wurde das Bleiberecht an meinem Gestell abgesprochen. Erst das Bein in einer der letzten Nächte. Nun also noch Stöpsel, Stange und Schraube. Alles weg. Alles auf null gesetzt (0:0 wäre mir lieber). Bestandsaufnahme einiger Verluste:

<u>Verschwunden:</u> Bein, Stöpsel, Schraube, Metallstange

<u>Geblieben</u>: Gewicht, Gestell,

Wie schnell so ein Leben nicht nur halbiert oder gedrittelt wird, sondern geradezu pulverisiert. Man ist einfach keine kohärente Figur. Ich bin im Laufe der letzten Tage (und Nächte) immer weniger geworden, bin Stück für Stück erleichtert worden. Ganz egal, wie wunderbar du bist, wie erfolgreich oder clever.

Oder ob du vor Jahren ein unvergleichliches Tor in einem Endspiel geschossen hast, wenn du eine Tipp-Kick-Figur bist, bist du strukturell prädestiniert dafür, Ärger und Unmut abzubekommen. Und wenig Liebe. Und es gibt so gut wie nichts, was du dagegen machen kannst, … schließlich hast du es mit einem Tipp-Kick-Ball zu tun (siehe eckige Form), ... schließlich hast du es mit Menschen zu tun (siehe Weltgeschichte). Nun liege ich nur noch auf dem Rücken wie ein ausgeweidetes Tier. Bin nur noch bloße Form, ein Rohling. An mir baumelt nichts mehr. Kein Bein, kein Schwanz, kein lustiger Haarschopf. Passe nicht in euren Niedlichkeitskult, erfülle schon lange nicht mehr die optischen Erwartungen einer Tipp-Kick-Figur. Ist quasi alles aus dem Gestell gefallen. Bin ganz fest, aber hohl. Sieht man so aus, wenn man wichtig ist? Sieht so eine Liebesgeschichte aus? Ist das ein Bild, das sich lohnt, in Erinnerung zu behalten? Ich kann nicht einmal bis zu eurer Tür kriechen, um an ihr zu kratzen. Ich kann auch nicht einmal sagen, wann alles so lächerlich geworden ist. Würde es etwas bewirken, wenn ich es könnte? Würdet ihr wieder lernen, mich zu berühren?

I

Ich meine: fürsorglich zu berühren, nicht mit kalter Wut zerlegen. Fliegt euer Finger durch die Luft, fliegt auch mein Bein. So könnte eine Liebesgeschichte aussehen. Ich frage mich, warum ihr Menschenbrüder aufgehört habt, mich zu lieben? Wir waren doch ein nettes Paar: ihr schlagt gerne, ich trete gerne. Ihr solltet mich sanft durch einen Schlag auf den Kopf ins Gemeinsame zwingen. Gemeinsam mit mir spielen, nur wir - und Tore erzielen, gemeinsam mit mir intelligent werden. Denn durch Zählen, wird man intelligent: 1:0, 1:1, 1:2, 2:2, durch das Zählen seid ihr Menschenbrüder schlau geworden, lange bevor ihr angefangen habt, zu sprechen. Jetzt, wo nicht nur mein Bein weg ist, sondern auch Stöpsel, Stange und Schraube, wird mir folgendes klar: Ich dachte immer, eigentlich liebe ich nur mein Bein. Aber das stimmt nicht. Ich liebe auch die anderen Dinge. Besonders den Stöpsel liebe ich, mein Da-Oben (kein fiktives Da-Oben wie bei euch!). Wenn der Finger auf den Stöpsel tippt, ist das der Moment, der mich in Bewegung setzt.

Der mir Schwung verleiht, der mich aus der Ruheposition bringt – vorausgesetzt ich bin vollständig (ich bin nie krank oder gesund; ich bin vollständig oder unvollständig). Eine mechanische Bewegung kommt in Gang. Das hat etwas Tröstliches. - Früher trugen alle Tipp-Kick-Figuren den gleichen Stöpsel. Es war ein kleiner roter Plastikhut. Ich trug zuletzt einen pinkfarbenen. Man kann darüber streiten, ob die Farbe eine Spur zu auffällig war, aber ich mochte ihn. Er saß sehr fest auf meiner Stange (jedenfalls fester als die Hüte bei Beckett). Während ich hier so auf dem Rücken liege, kommt mir folgender Gedanke: Ich würde gerne etwas herumgehen, vielleicht an einem Strand. Der Strand von Pittulongo soll sehr schön sein. Dort möchte ich gegen einen Kieselstein treten. Er darf auch gerne auf einer Seite etwas dunkler sein als auf der anderen. Diesen Stein möchte ich mit einem einzigen Tritt zurück ins Meer befördern. Vielleicht so, dass er noch mehrere seltsame Sprünge auf dem Wasser macht, rechts links – links rechts und dann erst versinkt. Es scheint mir unglaublich lange her, etwas Derartiges getan zu haben. Für immer mit schwingendem Bein am Strand, scheint mir etwas sehr Erstrebenswertes zu sein.

Und wenn kein Strand in der Nähe ist, dann möchte ich mein Bein „Am Eichelbaum 34" schwingen. Oder im „Trieb 9" oder in Hirschlanden. Dort hatte ich am 15.09.2001 meine große Show. Was war das für eine Show in Hirschlanden! Ich hob mein rechtes Bein! Meine Bühnenshow beschränkte sich auf das einmalige Heben meines Beines! Danach versank ich in einem Meer von Fans. Ich höre immer noch die Kinder singend durch die Gassen von Hirschlanden laufen:

Ylipulli! Ylipulli!

Aus der Tiefe des Raumes kommt ein Ball und er findet seinen Weg

Ylipulli! Ylipulli!

(...)

Die Liebe muss mir ein Bein bringen. Die Liebe, ein Bein bringen. Sonst gar nichts. Nur ein Bein bringen, denn meins ist weg. Es fehlt. Es fehlt immer noch. Und das ist schlimm. Ohne Schuss-Bein vor einem Ball zu stehen ist – anatomisch gesehen – keine sinnvolle Position. Ohne Schuss-Bein herrscht ein großer Mangel. Nur nebenbei: Ich bin noch nicht so weit, den Mangel auch als ein Glück zu empfinden oder zu erkennen, wie notwendig unerfüllte Wünsche sind, wie notwendig es ist, die Städte des Erfolgs zu verlassen und die Orte der Niederlage aufzusuchen (also weg aus Hirschlanden und ab nach New York!). Aber entscheidet selbst, ihr Menschenbrüder. Hell und dunkel liegen dicht nebeneinander. -

Die Liebe soll mir aber nicht nur ein Bein bringen. Die Liebe soll mir auch einen pinkfarbenen Stöpsel bringen. Er darf auch leuchten in der Nacht, damit euer Zeigefinger ihn auch im Dunkeln findet, damit er uns allen eine lange Kindheit ermöglicht.

Fernab der Welt des Geldes, fernab der ewigen Raserei, der ewigen Beschleunigung, der ewigen Raserei.

„Komm, wir gehen."

„Wir können nicht."

„Warum nicht?"

„Unsere Beine."

„Was ist damit?"

"Eins ist steif. -

Und das andere kommt nicht zum Boden."

C.G. IROD

C. G. Irod:

Schiebt gerne eine Tipp-Kick-Platte zwischen sich und der Welt und kennt das unentwegte Scheitern, wenn man über das spricht, was man liebt.

Loved this book?
Why not write your own at story.one?

Let's go!

FSC
www.fsc.org
MIX
Papier | Fördert gute Waldnutzung
FSC® C083411

Zeitfracht Medien GmbH
Ferdinand-Jühlke-Straße 7
99095 Erfurt, Deutschland
produktsicherheit@kolibri360.de